JN411063

왼쪽 사람

문학의전당 · 신작시집
왼쪽 사람

ⓒ 김태완 2009

초판인쇄 2009년 9월 25일
초판발행 2009년 9월 30일

지 은 이 김태완
펴 낸 이 김충규
펴 낸 곳 문학의전당
출판등록 제387-2003-00048호(2003년 9월 8일)

주　소 121-718 서울특별시 마포구 공덕2동 404번지 풍림VIP빌딩 202호
전화번호 02-852-1977
팩시밀리 02-852-1978
블 로 그 http://blog.naver.com/mhjd2003
전자우편 mhjd2003@naver.com

I S B N 978-89-93481-36-5 03810

*이 책의 판권은 지은이와 문학의전당에 있습니다.
*양측의 서면 동의 없는 무단 전재 및 복제를 금합니다.
*잘못된 책은 바꿔드립니다.

왼쪽 사람

김태완 시집

문학의전당

自序

마른 눈물을 길어 올리는 두레박이 되고 싶었다.
시대가 상황을 만들고, 상황이 시대를 만드는 틈에는
보이지 않는 사람들이 더 많이 살고 있다고 생각했다.
후회와 좌절과 실망을 다시 품을 것을 알면서도 말이다.
중심을 잡고 사는 일은 참 어렵고도 힘겨운 싸움이다.
중심에 대한 이해는 그것이 꼭 어느 양쪽의 가운데라는
관념의 탈피가 선행되어야 했다.
다만, 중심은 정확히 지정된 위치가 있는 것이 아니라
우리가 믿는 그 중심을 향해 걸음을 띄는 행위로 치자면
중심에 대한 난처한 답변이 될까.
사는 일은 내가 나 자신과 싸우는 과정 안에 포괄적으로 함축되고
날씨가 화창하고 맑은 날에도
나의 눈에는 언제나 혼탁하고 뿌연 상태로 사물은 다가왔다.
내가 염세주의적인 것은 결코 아닌데 말이다.
그 중심에서 나는 사람을 생각했고,
세상에서 가장 쉬운 언어로 그 사람에게 말을 걸기로 했다.
잘 들리지 않을 거라는 것을 인정하면서도
내 고집도 어지간하여,
이렇게 사람을 향해 쉰 목소리를 던져본다.

2009년 여름

김태완

●●● 차례

1부 거미집

2부 왼쪽 사람

3부 희망의 영역

4부 일곱 번째 창

1부 거미집

거미집 1

거미는 집을 짓고 있습니다
나의 비밀스런 항문에서
잔인한 소망의 흔적이 창백한 일상을 뜨문뜨문 이어가고 있습니다
소리 없이 한 뼘의 터전을 이어가는 거미는
속이 훤히 들여다보이는 집을 짓고 있습니다
소리없이 살아가고 있습니다
빈 집에 홀로 견디는 동안 한 계절이 지나가고
꽃잎 떨군 바람이 거미줄에 걸려 가볍게 떨고 있을 때
나의 심장이 느리게 혹은 빠르게
거미집을 흔들고 있습니다

거미집 2

질긴 목숨 가두어 놓은 혼돈의 실타래
가까이 또는 멀리서 나를 향해 덤벼들고
지은 죄만큼 두려운 것이
참 많았으면 좋겠습니다
눈 감고 외면해도 그물처럼 덤벼드는
오늘을 향한 하얀 공포들.
천길 절벽으로 몸을 숨긴 아찔한 일상을 향해
시든 꽃처럼 하얗게 웃는 거미줄
남은 시간을 살아낼 비굴한 집착이
그림자처럼 손에 닿지 않습니다

거미집 3

적막한 내 맘처럼 떠있는 하얀 집
욕망의 실체를 벗겨놓은 뼈마디가
늘어진 지루한 한 뼘의 시간에 걸려
어지럽게 빙빙 돌고 있는 구석진 방
살아온 시간을 엮으면 저와 같을까
먹이를 기다리는 일이 우리를 치열하게 만들 때
빙글빙글 돌아나오는 손바닥만큼의 광야에서
아찔한 버팀으로 돌아오는 허기
우리는 언제나 옷 벗은 하루를 씹어 삼킵니다

거미집 4

방울토마토와 과꽃과 넝쿨과 무궁화 사이
집 짓고 사는 거미는
작고 미천함을 탓하지 않습니다
미동도 없이 제자리를 지키며
조금씩 불어오는 바람을 집안으로 끌어들입니다
저 가녀린 욕심이
방울토마토와 과꽃과 넝쿨과 무궁화 사이를
따뜻하게 품었습니다
작고 미천한 것들이 생겨났으므로
생명은 찬란한 순수로 시작되었던 일을
몸으로 이야기합니다
거미 한 마리 내 가슴으로 들어와
방울토마토가 열리고 과꽃이 피고 넝쿨이 자라고
무궁화로 활짝 웃는
누추한 집 한 채 소리 없이 반짝입니다

거미집 5

투망에 걸려든 물고기들이 파닥거리며
위기를 직감할 때는
이미 늦었습니다.
잠시 머문 정적 속에서 떠도는 몸부림의 흔적
하얀 그물, 투망이 어느 집 모서리에 걸려
물기를 말리는 동안
누군가 후회의 흔적이 영혼처럼 반짝입니다
홀로 사는 일은 슬픔이 없을까
미동으로 출렁이는 물 위를 걷듯
새 터를 살피는 거미의 일상
때로는 앞을 가린 모든 것을 거두어버리고
거침없는 침묵의 암시를 이제는
치워버리고 싶습니다
걸려든 것을 직감할 때는 이미 늦은 시간

바닥에 감겨 부서진 거미집에서 풍기는 물비린내
물고기처럼 파닥거리고 있습니다

거미집 6

기약 없이 집을 떠났다
누군가 떠나고 다시 머물고
한 곳에 머무는 일은 또 어디로 가야 할 날을
기다리는 일인 셈이다
낯선 어느 마을에 사람이 살던 자리
빈곤의 형상을 그리는 미물이 아련해
텅 빈 집에
살아있던 것들 덩달아 빠져왔는지
집을 떠난 거미는 다시 아니 보이고
살은 없고 뼈다귀만 남은 집
등 시린 계절 한 가닥
풀리지 않는 너와 나의 거리를
늙은 거미처럼 기어서 너에게로 간다
어느 날 방 안으로 들어온 거미가
내 집에 집을 지으려나보다

거미집 7

어쩌면 환한 날을 위한 견딤의 누추한 흔적입니다
그늘 없는 거미집에 어둠이 자고 일어나
문득, 멈출 수 없는 기다림이 새벽을 깨우는 시간
풀잎도 아닌 것이 이슬을 품고
거룩한 아침 햇살 그리운 눈빛처럼 반짝입니다

붉은 비빔밥

문 밖의 시들어가는 화분
사내의 주름살
가르며 일그러지는 담배연기
텅 빈 가게
안쓰러운 조명 주위의 먼지들
풀풀풀 날리는 수심 한 그릇
먹다 남은 반찬 몇 가지
찬밥 몇 덩이, 고추장 몇 수저
뒤집고 누르고 다시 뒤집고
때이른 저녁의 붉은 식사
비빔밥을 먹고 있는 여인
똑딱이는 시계바늘과
쌓여가는 시간의 부피
그 깊은 곳에 숨어사는
우울한 벌레
누가 누구를 비벼먹는지
찌그러진 밥그릇에 담긴 허기
오지 않는 손님

사내는 가게 안으로 사라지고

화분은 서서히 귀퉁이로 숨는다

24시 편의점

편의점 불빛이 유난히 밝다.
영업이 끝난 주변 상가의 내려진 셔터문이 피곤한 몸으로 누워
굶주린 야생고양이의 월담을 경계하는 동안
무심한 어둠은 눈을 감는다
허기진 도심의 조명이 밤을 품어내는 시각
구석진 곳에는 늘 분노의 흔적이 쌓이고
깨진 유리병이 누군가의 가슴을 찢었나보다

참을성 없는 아이들이 삼삼오오
밝아올 내일을 무자비하게 씹다 내뱉은 흔적은
누군가의 귀가길에 한 번 더 밟힌다
편의점 불빛이 유난히 밝다
다행이다. 불빛이 있어서
홀로 어둠을 피해 나오는 젊은 여자가
편의점에 들러 공연히 음료 하나를 계산하고
문밖을 한참동안 바라본다
편의점 감시카메라가 붉은 눈으로 젊은 여자를 암기한다

멀리 고성이 오가는 소리가 멀어질수록

젊은 여자의 집은 가까울 것이다
매일매일 불야성 도심의 거리
말하지 않아도 위협이 되는
저 더럽고 흉악스런 어둠이 사는 곳
집으로 가는 젊고 예쁜 여자의 머릿속에
지나온 어둠의 뒤편이 쭈뼛쭈뼛 따라오고 있다

사람이 어둠이다.
만만치 않은 어둠을 유영하는 24시 편의점은
야심한 도시와 타협했나보다
가끔은 무방비로 졸고 있는 미명의 고요다

중복 날의 점심식사

한낮의 보신탕집은 분주하였다

오래된 벽걸이선풍기는 끼륵끼륵 새소리를 내며 지친 바람을 토해내고

건축공사장 인부들이 한 무더기의 노동을 끌어안고

역사와 전통의 보신탕집 쌓인 체면을 허물어뜨리며 몰려 들어오고 있었다

전통 한옥식 툇마루가 감나무그늘로 향해 있어서

바람이 마루로 걸어올 것 같은 생각을 하는 동안

인부들은 옆자리에 앉으며 좁은 틈을 밀치고 있었다

거친 음성이 원목 식탁 위에 쌓여지고

땀 냄새는 보신탕 그릇에 흘러들어 제 맛을 잃고 있다고 생각했다

소주 2병이 상 위에 먼저 오르고

노동의 쓴 맛은 그들의 눈을 더 부릅뜨게 하였다

독해보이는 사내의 이마는 거칠게 달구어져 있었고

가장 야윈 사내의 목덜미에서 노년의 자욱이 흥건히 젖어 있었다

식탁이 그들과 나와의 적당한 간격을 유지하고

가까이 있어서 더욱 멀어지고 싶은 본능이

심장 깊숙한 곳에서 꿈틀거리고 있을 때

나의 이마와 볼과 눈과 입술과 목덜미까지
그들을 외면한 채 평온한 식사는 이어지고 있었다

한낮의 보신탕집은 아직도 분주하였다
끼륵끼륵 새소리를 내는 낡은 벽걸이 선풍기
그들과 나를 번갈아가며 중복의 폭염을 밀어내고 있었다.

길 위의 길

자전거를 타고 한참을 가다가
멈춰서 뒤를 돌아다보면
왜 그렇게 지나온 길은 휘어져 있는지
나는 분명 반듯하게만 온 것 같은데*

길 위에 또 길이 있구나
흔들릴 때마다 길이 나고
길 위에서 한나절 살다 가는 잡풀들

길은 하나이면서 하나가 아니고
누구나 그 길을 지나가지만
모두 같은 곳을 향하지는 않는다
길 위에 또 길이 있구나

길은 있되 그 길 온전히 보이지 않으니
길을 가다가 더 이상 가지 못한 것들은
그래서 풀이 되고, 꽃이 되었구나

흔들어도 깨어나지 않는 저 깊은 잠
휘어진 시간을 흔드는

한가로운 고양이의 꼬리가
길 위에 누워있다

*박철희 감독 영화 〈예의없는 것들〉(2006년)의 마지막 대사 일부 인용

이카루스*의 꿈

내림굿의 추억조차 아득한 굿당의 늙은 무당이
아직도 쉬지 않고 깨닫고 있는 탈색된 불상 앞에서
비스듬히 좌정하고 졸고 있을 때,

마술사 데이비드 카퍼필드는 날개 없이 하늘을 날겠다는
허황된 큰소리를 뒤로 하고
웅장한 관현악의 선율을 밟으며
정말로, 하늘을 향해 날아올랐다

내림굿을 받기 위해 기구한 팔자를 인정하기까지
하늘을 날기 위한 몽상의 벽을 빠져나오는 어둠의 시간 동안
보이지 않는 믿음의 신神과 부릅뜬 눈을 마주하고
얼마나 많은 저주의 주문을 씹어 삼키었을까

사람은 죽어서 모두 귀신鬼神이 되고
귀신이 되는 순간, 사람은 비로소 영험한 신神이 되고
그 많은 신을 섬기는 신기神氣를 다한 늙은 무당이
우울한 미래를 점쳐보는 숙연한 시간
생명이 정해진 촛불은 거친 숨을 몰아쉬며
부처의 팔을 붙잡고 매달리는 동안

늙은 무당은 내일을 점치고 있다

보이지 않는 것이 때론, 보이는 것을 추월한다
분명, 하늘을 나는 데이비드 카퍼필드를 보며
속는 줄 알면서도 속아야 하는 이치와
이 아름다운 거짓에 대하여 냉철한 수천 개의 눈동자는
그가 꾸던 꿈에 대하여 일제히 기립하고
그것은 기록 없는 신앙과 다르지 않은 몸짓이 된다

데이비드 카퍼필드는 죽어서 귀신이 된
이카루스의 꿈을 이루고 싶었나보다
늙은 무당 온전히 죽어져 승천하는 날
신이 되지 못한 숱한 귀신을 만나 이승의 풀지 못한 사연
훠이훠이 굿거리장단에 간절히 빌어볼 작정으로
그 오랜 시간을 좌정하였나보다

지상의 안녕을 위한 기도는 끝이 나고
불빛 없는 무당의 스산한 방으로 전설이 걸어 들어온다
늙은 무당은 잠이 들고 감당할 수 없는 세상사 고단한 불상이

어둠을 가까이에 앉힌다
먼 곳에서 날아온 귀신, 이카루스가 속내를 감춘 불상의
가려운 등을 시원하게 긁고 있다.

*그리스 신화에 등장하는 인물 : 신에게 도전하다가 죽은 이상을 가진 인물

톱밥

김씨에게서 톱밥 냄새가 난다
톱밥에게서 김씨 냄새가 난다
쌓인 톱밥을 먹고 자란 아이들에게서
톱밥 냄새가 난다
톱질에 잘려나간 젊었던 한 시절
소임을 다하는 일은
어느 집 처마를 받치는 한 토막
그 만큼의 버팀이면 족할 일이다
목수 김씨에게서 오래된 톱밥 냄새가 난다
톱밥 냄새는 김씨 곁에서 긴 호흡,
들숨을 쉬고 있다

2부 왼쪽 사람

왼쪽 사람

1\.
왼쪽 사람이 왼쪽 바다를 바라본다
오른쪽 사람이 오른쪽 바다를 바라본다
바다는 불규칙하게 출렁이면서도
어느 한쪽으로 치우치지 않는다
사람의 심장에는 바다가 살고 있는지
요동치고 출렁이다 잔잔하게 다독이다가
밤이면 깊은 고독에 밀리고 쓸리고
살아있는 바다의 맥박은 뜨거운 심장을
미명의 시대를 향해 힘껏 치밀어 올린다
사람들이 바다를 향해 몸을 일으킬 때
너의 심장은 어떻게 일렁이고 있는가
왼쪽 사람이 왼쪽 바다를
오른쪽 사람이 오른쪽 바다를 바라본다
바다는 그들의 중심에 들어와 갈등을 먹고 있다

2\.
길은 끝나지 않는다.
막다른 골목에서 길을 잃은 미래가 울고 있을 때

망설임 없이 되돌아가는 사람들 틈에서
누군가의 그림자가 벽에 붙어 떨어지지 않는다
막다른 길은 다급한 시대를 이야기하고
그래도 길은 끝나지 않는다

3.
내 한 몸 추스르는데
내 한 몸 건사하는데
한 시대가 갔네
이제 겨우 철이 들려는데
그리운 시대는 언제나 모로 눕네

4.
심장이 뛴다. 살아있다. 눈을 뜨니 오늘도 멀쩡하다
심장이 왼쪽에서 뛴다. 오른쪽이 함께 박동한다
심장이 있는 사람들이 숨을 쉰다
숨쉬기 어려운 사람들이 아우성이다. 몰려든다
두려운 사람들이 심장을 꺼내 하나씩 나누어 준다

그리고 쓰러지는 사람들. 다행이 살아있다
심장을 잃은 사람들이 저편에 인질처럼 웅크리고 모여 있다
어느 한쪽을 향해 울부짖는가.
……심장이 뛴다. 살아있다. 눈을 뜨니 오늘도 멀쩡하다
왼쪽 사람은 맨눈으로는 잘 보이지 않는다

5.
꽃이 아름다운 건
끝내 꽃을 피워냈기 때문이다
그 꽃을 피워낸 건
바람과 햇살과 비와 어둠
그 꽃을 그리워했던 한 사람
그 곁을 지켰기 때문이다
지천에 흔한 그 꽃이 아름다운 건
못나고 순한 어느 사람을 닮아
꽃마다 심장불 하나씩 가슴에 켜고
그 가슴 함부로 보여주기 때문이다

6.
사람머리는 다 둥글다
지구처럼 둥근 머리는
한쪽으로만 향하고
치우친 한쪽은 불편하다
그래도 사람머리는 둥글다
돼지머리도 둥글다
둥글어서 불편한 건 왼쪽 사람들이다

7.
하나의 머리에도 좌뇌와 우뇌는 절반으로 나뉘어져 있다
코는 하나인데 콧구멍은 두 개
몸의 중심에 덩그러니 배꼽이 있고
은밀한 곳에 감춰진 나의 항문
배설할 일들이 결정되는 곳은
가장 낮은 곳에서 존재한다
흐르는 물처럼
상처 주지 마라 몸의 가장 깊숙한 곳에서 멈추지 않는 박동
중심을 향해 비수를 꽂지 마라

심장은 왜 한쪽으로 비켜서 있는가.

8.
줄은 보이지 않는다
보이지 않는 줄이 줄을 만든다
아주 긴 줄.
줄은 높은 곳을 내려올 때
쓸모가 있다
보이지 않는 외줄 위에는
정작, 왜 아무도 없는가

9.
고통은 그 상처 때문이다
상처는 그 고통 때문이다
우리 집 뜰에 죽은 줄 알았던
몸통 잘린 행운목이
그렇게 말했다.

10.
쌓아놓은 연탄 그림자만 밟아도 따뜻하다고
현도식당 주인아줌마가 말했다
월동을 준비하는 것은
과거를 꺼내 입는 일이다
동지가 오면, 추운 사람들이 붐빌
울타리 하나 가슴 안에 짓는 일이다

11.
새마을금고에 노부부가 들어와 부탁을 한다
할배가 폐암 말기라 이 달 안에 죽는단다
– 나 죽으면 이 사람에게 이 돈 찾아줘
– 나 없다고 괄시하지 말고……
보통통장에 이백십오만 원
통장을 맡기고 돌아가시는 노부부
뒷모습이 죽음보다 뜨거웠다
왼쪽 사람이 그 할배다

12.

시계는 피도 눈물도 없이
잠시의 머뭇거림도 없이
그냥 간다
아픔의 순간도 기쁨의 순간도
시간의 이름으로 먹어버린다
장엄하고 위협적인 노도의 거친 진격처럼
오로진 전진한다
시간이 시간을 먹는 시계가
돌아가는 방향은 오른쪽
왼쪽을 향하기 위한 처절한 몸부림이다
내가 너의 주위를 맴도는 것을
네가 모르는 것처럼

13.

그리운 것은 옛날의 기억에 남은
추억 같은 거라 말하지 말자
그리운 것은 말하자면, 오늘의 자화상이다
기다림이 그리움인 것

눈을 뜨면 더욱 그립고 간절한
생생한 기억으로 회생하는
지난밤의 꿈 같은 환한 내일이다

14.
별도 나이를 먹는가보다
별에게서 노인의 냄새가 난다
누런빛을 힘주어 내뿜는 별은
이제 피곤해 보인다
별을 세며 꿈을 키우던 어린 소년은
하늘의 위치를 모른다
하늘의 어두운 한쪽 변두리에서
별 관심 없이
눈만 꿈뻑꿈뻑거리니
나이 많은 별이 쉽게 섭섭해한다
돌아갈 수 없는 곳에
그리운 사람들 촘촘히 모여
어둠을 먹고 사는 별이나 되자 한다

15.

왼쪽 사람 옆에 왼쪽 사람 그 왼쪽 사람 옆에 왼쪽 사람
왼쪽 사람은 바로 옆 왼쪽 사람을 보며 왼쪽에 대하여 생각한다
왼쪽 사람을 바라보는데 정작 보이는 건
그 사람의 오른쪽만 보인다
사람의 반쪽만 바라보며 생각한다고 누군가 손가락질한다
왼쪽 편 오른쪽 사람이다

사람의 절반이라도 제대로 바라보기를 염원하는
자애롭고 크신 하느님의 오래된 기도는
방향이 없어서 천만 다행이다

16.

비가 내린다.
가장 낮은 곳으로 가는 길을 말하기 위하여
눈이 내린다.
가장 높은 곳으로 가는 길을 덮기 위하여

17.
땅에는 선線이 없다
굽이치는 산야와 벌판,
그 아래 스스로 흐르는 강물과
아주 오래된 길
그리고 사람이 사는 마을이 전부다

길이 선이 되고
강물이 선이 되고
산이 선이 되고
벌판이 선이 되고
이제는 사람이 선이 되었다

벽은 허물면 되지만,
보이지 않는 선은 어쩔 것이냐.
선은 지도를 그릴 때 필요한 도구다

18.
산에는 산바람

강에는 강바람

들판에 들바람
거리에 길바람

내 맘에 헛바람
오! 이름 없는 바람들이여

19.
왼쪽 사람에게 끌린다
왼쪽의 낮은 곳에 사는 사람
묵묵히 참으며 사는 사람
시선이 닿지 않는 곳에 사는 사람
그 사람에게 자꾸만 끌린다
꿈꾸는 일조차 어느 한쪽으로 치우쳐진
유령의 마을에 살고 있는 허깨비들
그 좁은 틈으로 보이는 수줍은 한 사람
맑은 영혼을 감춘 저편의 사람
그 사람에게 끌린다.

그 끌림의 참을 수 없는 목마름에
오랫동안 중독되고 싶다

20.
헤어지자 먼 사람아!
저녁노을은 나의 어깨를 잡고 신음하느니
안녕, 이제는 안녕이다.
뜨겁게 헤어지자 눈물 없이 후회 없이
서로의 이름을 부르지 말자
가벼운 추억을 저 노을 속에 묻어두자
속상해하지 말자
불러도 오지 않는 우리들의 희망가는
이제 끝났다
아득히 먼 산을 향해 오늘을 삼키는
말없는 노을만이 알고 있을 뿐
만나지 말자. 비겁하고 누추한 저녁이여
이 오래된 노여움, 서글픈 시절아
안녕, 이제는 안녕이다.

21.
언제 무너질지 모르는
오늘을 붙잡고 사는 사람아!
한가로이 눈 감고 있을 때,
위태로운 시간을 씹어 삼키는
어둠을 불러놓고
세상을 여는 아침에 대하여
애처로이 설명하는
너는 무슨 꽃이냐!

22.
사람이 그리울 때가 있다
그리운 사람 가슴에 하나쯤
심장처럼 매달고 살고 있어도
사람이 그리울 때가 있다
그리움 몰고 온 지독한 고독이여
사람이 외로운 것은
혼자 있어서가 아니더라고

23.

앞만 보고 살아간다 말하지 말자
계절은 모두 봄을 향하고
지나온 길은 따뜻하더라
앞만 보고 살아간다 말하지 말자

암모나이트 화석

천만 년을 웅크리고 앉아
생각하는 여인
풀리지 않는 무엇을
그 안에 꼭꼭 숨기고 있는가.

다시, 천만 년이 지난다 해도
풀리지 않을 비밀
끌어안은 여인

시간이 멈춘 흔적
그녀의 다문 입술.

돌 속의 그늘

돌, 이왕이면 짱돌, 한 손에 꼭 잡히는
그렇다고 던지는 사람도 없고
맞는 사람도 없는
이 상황에서 제법 잘 피하며 살고는 있다지만
그래, 내 뒤통수는 이 두려움이 사실 신경 쓰여
앞 사람 뒤통수가 거제 앞바다에서 막 건져 올려진
재수 없는 몽돌 같아
어느 낯선 사람의 시커먼 눈알이
누군가의 가슴에 두두둑 총알처럼 박혔다 다시 들어가고
주눅 든 그들과의 거리는
아무리 힘껏 돌팔매질을 해도 닿지 않는
저 아슬아슬한 절벽 아래 어디쯤
파도 따라 꼼지락거리는 자갈소리
까마득한 시절 저 높은 곳에서 몸을 던진
양심의 흔적이 떠돌다 머물렀을까
다만, 삼키고 싶은 분노가 웅크려 앉아
궁색한 기도 읊조리고 남은 마지막 참회의 잔설은
내 뒤통수 닮은 돌이 되어
점점 단단해지는 한 방울 눈물로나 닦이려나
꽉 진 주먹 속에서 끝까지 깨지지 않는 슬픔

그 큰 그늘을 누가 함부로 잡으려는가
돌, 어쩌면 한 손에 꼭 잡히는 허공 한 줌

어떤 논리

주변이 어둡다 주변이 어둡기 때문에 나는 어둡다
검은색 양복에 검은색 무늬 넥타이 검은색 양말 검다는 걸 구분하기 위한
흰 셔츠 검은색 펜을 들어 검은색 싸인을 하고 검은색의 결정을 위해
검은색 대화를 나누며 본능적인 감각으로 그들도 검은색 단어를 내뱉으며
검은색 웃음을 팔고 검은 느낌의 악수로 살고 있으리라
그렇다면 그들의 주변은 어둡고 주변이 어둡기 때문에 그도 어두운 것이다
……어둠은 고맙게도 매일 우리의 주변을 다독이며 잠시 검은색 양복을 벗고
검은색의 의견을 말하지 않아도 될 아름다운 우리들의 여백이다

주변이 어둡다. 누군가 이 어둠을 만든 이
내가 어두운 것은 그 어둠 속에 감추어진 연약함과 수줍음과 숱한 가벼움들이
시간이 갈수록 조금씩 드러나고 있을 거라는 순진한 믿음 때문이다

어둠 속에서 꼭 불 켜는 이 있으니

뒷골목 카페에서 어둠을 털다

그녀의 붉은 목소리가 술잔 위를 맴돈다
거울로 둘러진 둥근 기둥이
거부할 수 없는 욕망의 시선을 끌어안고
사내 하나를 응시한다
사내의 하얀 목소리가 그녀의 귓불을 감싼다
간지러운 그녀의 목선을 타고 흐르는 잔잔한 선율
그녀의 입술은 칵테일처럼 뒤섞이며 유혹을 허락한다
사내는 호탕하게 웃으며 그녀와 같은 것을 주문하고
야심한 시간은 마치, 다시는 돌아오지 않을 여인처럼
텅 빈 골목으로 들어가 나오지 않는다

누구나 깊숙한 어둠의 시간을 그리워하는 거다
가슴속 어디쯤, 심장에서 먼 구석진 어느 혈관이
한 가지씩의 허점을 품고 있었던 거다
서로가 서로의 허점을 확인할 때
내일은 없고 오늘만 있는 굳은 믿음을 확인할 때
사람들은 버거운 위장을 해제하고
그녀 앞에서 있는 그대로를 노출하며
진실을 말할 수 있는 거다
그 말은 해석할 수 없는 언어로

붉거나 하얀 빛을 내품는 뒷골목 카페 같은
정적의 화음이 삼류 재즈와 몸을 섞을 때
사내는 붉은 화답을 허락하고
하얀 억압의 옷을 바닥에 흘리는 그녀
소통은 요구르트 빨대 같은 거다

분노의 정리

너는 단단한 돌멩이다 차돌멩이 거대한 돌산이다
너는 내 몸의 그림자, 보려 하면 보이지 않는 무지개다
너는 내 몸의 상처다 만지려 하면 고통만 커지는 형체 없는 기억이다
너는 쇳덩이다 활활 타오르는 불을 품은 저 지독한 고집이다
너는 싸움꾼이다 두려움도 없이 무작정 달려드는 거친 황소다

나는 돌멩이로 나의 그림자를 힘껏 내려친다
나의 그림자는 고통스럽게 울부짖으며 찢어진다
형체는 사라졌어도 고통의 기억은 고스란히 남아 거친 불길에 몸을 던진다
불속을 견딘 쇳덩이가 붉은 숨을 쉬며 단단해진다
뒷발을 득득 긁고 있던 싸움꾼 황소가 쇳덩이 같은 뿔을 고추 세우고
으랏차차 돌진한다

너는 무엇이 되어
그 뜨거운 쇳덩이를 삼킬 것이냐

빈 집*

정석대로 살면 손해다
정석을 모르면 죽는다

그래서 함께 사는 것 아닌가
계가를 끝낸 후
조용한 손끝의 떨림이
지나온 길을 되새김질한다

우리는 얼마나
더 많은 것을 비워낼 것인가

*바둑의 빈 자리(a point)

노도怒濤를 넘으면

낙타는 바다를 걷고 있었다.
전갈이 물고기처럼 사막 속을 유영하고 있을 때
플랑크톤 쌓인 심해를 걷고 있는
생명체, 선인장 가시처럼 햇살은 따가웠다
낙타는 느리게 바다를 걷고 있었다
물속을 걷는 일과 다를 바가 없었다

눈부신 모래사막에 연이어 튕겨져 나오는 저 빛
반짝이는 바다의 일렁임이 일 때마다
짠 맛이 가시질 않았다
낙타는 가쁜 숨을 몰아내며 모래가루 날리는 건조한 시간을
눌러 밟을 때마다 발자국은 지워지고

이 모래가 바다에서 왔다고 믿고 있었다
수많은 언덕이 길을 막고
폭풍우 치는 힘겨운 항해, 거대한 모래기둥이 거인처럼
일어서고 있어도 낙타는 걸음을 멈추지 않았다
–저 언덕을 넘으면 푸른 바다가 나를 쉬게 하리라

수많은 낙타들이 사막을 걷고 있었다

쓰러지지 않기 위하여
한 모금 물보다 절실한 심연의 갈증
질긴 내일을 씹어삼키는
저 거친 노도를 넘으면

생업의 시간

하 수상한 시절을 산다는 건
무거운 별빛 한 줄기 등에 짊어지고
불 꺼진 골목
알 수 없는 좁은 길을 따라
먼 길 돌고 도는 미로

골목에서 튀어나온 어느 집 미친 개
사람을 따라 헐떡이며 쫓아오는
굶주린 눈빛이 골목 어귀에 누워있다

나처럼 사람이 아닌 척하다
길 잃은 개
헐떡이는
생의 혓바닥

더러는 핥아주고 싶은
생업의 시간이
거기 나처럼 쭈그리고 앉아있다

3부 : 희망의 영역

청명한 날

투명한 하늘
깊어지면
한낮에도 별빛들
우수수
떨어질라
갈꽃은
사방에 꽃대 세우고
일제히 망울을 터트리니
이 땅에
화사한 건
너였으면 좋겠네
나였으면 좋겠네

드넓은 하늘 바탕에
고요한 뭉게구름
새털구름으로 피었다가
햇무리구름으로 피었다가
오늘은 누굴 만나도
위로 같은 건
없었으면 좋겠네

연당야유도蓮塘野遊圖*

아니 핀 연꽃이 부처처럼 초연한
지금은 무슨 계절인고
바람도 아니 부는
청초 푸르른 연당
거문고 가락이나 흥얼거리는
나이 어린 솔가지를
탓하지 않는 이유는 무엇인고

비단결 치마폭이 바다처럼 일렁이니
와르르 안아버리면
직성이나 풀리려나
마음이나 편할꺼나
한숨인 양 기나긴 곰방대
한 모금 시름도 내뱉기가 어렵고나

멀리서 시대를 찾아 헤매는
발자국 소리
나는 몰라라 짧은 한나절
나 없다고 아니 핀 연꽃이 솟아날꺼나

고웁게 분칠한 조선의 푸르른 오후
호색인 혜원이 돌아앉아
차마 민망한 붓질, 허벅지 속살까지 파고드는
기막힌 조롱에
어느 여인은 이미 벌러덩 누웠고나.

*혜원 신윤복의 풍속도(간송미술관 소장)

아우라지의 숲

1.
굽이굽이 가는 길
숲의 길
그리운 시절 마냥 휘어진
강원도 정선군 북면 여량5리
바람도 돌고 돌아 몸을 담그니
이 물길 따르면 누군들 깊어지는가
마음이 물길이 된다

2.
숲을 등지고 잠들었던 밤
어느 골짜기, 달빛조차 닿지 않는 곳에서
누가 혼자 울고 있었나보다
깊은 숲 어디쯤에서
누구를 위한 간절한 기도인가
숲은 고요히 합장하고
지난 밤, 먼 길 돌아온 고난의 시간을
침묵으로 내려놓는다
숲을 등진 오랜 잠에서 깨어나니
하늘빛 청연함으로 새벽 숲을 나오는

푸른 물소리

3.
홀로 왔다 홀로 가는 줄 알았다
송천과 골지천이
한 많은 여인의 품속으로 흘러들어가
눈물이 되었을까
강 건너 먼 산 나부끼는 치맛자락
깊어지면 깊어질수록
나 홀로 깊어지는 줄 알았다
홀로 왔다 홀로 가는 줄 알았다

봄꽃이 피었다야

봄꽃이 피었다야
꽃구경 가자
뉘사람 속 태우던
수줍은 여인네
몸살 났다야
봄꽃이 피었다야
꽃구경 가자
내 보라 내 좀 보라
사정도 없이
무작정 웃는다야
꽃구경 가자
마음 다친 여인네야
봄바람 가득 품고
너도 피어라
봄꽃이 피었다야
꽃구경 가자

꽃이불

한여름 밤
철없는 어린 것들
땡볕으로 달궈진 하루를 덮고
알몸으로 뒤척이다
잠든 별빛들
아비의 늦은 귀가 길
풀리지 않는 생업
살포시 내려놓고
어린 것들의 달콤한 꿈
가슴에 담고 미소집니다
별들이 내려놓은
이 땅, 희망의 영역에
빛이 닿지 않는
구석진 곳의 가난한 기도
철없는 어린 것들
꽃이불 덮고 잠이 듭니다

생화生花

고운 꽃이여
붉은 꽃이여
너는 하도 붉고 고와서
슬픔이,
아픔이 없는 줄 알았더니

생生의 딱 한 번
있는 힘을 다해
그렇게 살아내야 했을
허물어진 꽃잎 향기로움은
남기지 말자
애틋한 마음은 여기까지다
그런 독한 마음이
죽어서도 너를
살게 했구나

고운 꽃이여
붉은 꽃이여
너는 아무리 붉고 고운들
슬픔과 아픔이

나를 살아있게 했음을
가벼운 향기로 감추지 말 것이니

가까운 거리

참으로 가까운 거리에 있었구나
너와 나의 가늠할 수 없는 거리
이승과 저승만큼의 두려움이
낮과 밤의 또렷한 구분이
그래, 참으로 가까이에서
서로를 가슴에 담고 있었구나

그저 돌아갈 수 없는 길일 거라고
영원히 만날 수 없을 거라고
그렇게 믿고 살아가는 오늘도
기억에 남은 상처의 고통만 되뇌일 뿐
다친 마음은 그저 소소한 앙금이 되어
보이지 않는 기다림을 더욱 멀리에 두고
그 거리에서만 존재하고 있었구나

너를 만난다는 건
허허벌판의 광야이거나
망망대해의 물길이거나
거친 시절의 울분도 아닌
내 등 뒤의 애무처럼

이렇듯 뜨겁게 그리워하고 있었구나.

봄날

봄이면 나무들도 까치발로 서 있나 봐
마음만 조급한 봄날의 초입에
봄 처녀 님 기다리는 속 맘 감추듯
쪽지 같은 푸른 새잎 수줍을 적에
온통 그리운 것들은 언덕 너머 더딘 걸음
봄이면 나무들도 까치발로 서 있나 봐

오래된 되풀이

밤새 눈이 내렸나보다
돌아가는 길 더딘 걸음

밤새 비가 내렸나보다
돌아가는 길 눈물 가리게

밤새 무명꽃이 피었나보다
돌아가는 길 다시 오는 길

밤새 갈잎은 모조리 졌나보다
텅 빈 데스퍼레이트의 흔적

살아있으므로
멈추지 않는 되풀이

눈물은 말라도 슬픔은 흐른다
세월은 흘러도 그리움은 머문다.

강둑에 서서

맘 따로 몸 따로 흐르는 세월아
차거운 금강 굽이치는 퍼런 하늘이
그리도 좋아 나는 아직도
정처 없는 빈 배로 살고 있구나

맘 따로 몸 따로 흐르는 세월아
버릴 수 없는 것들이 하도 많아
쌓이는 상념 품에 안으니
눈앞에서 방금 사라진 흰 물새 한 마리
다시 아니 보이는구나

맘 따로 몸 따로 흐르는 세월아
억새꽃 나부끼는 금강변
어딜 가라고 하늬바람 등 떠미는 둑길을
강물이 먼저 저만치 가는구나

모로 누워도 가로 누워도
소리 없는 하늘만 떠도는 곡 없는 노래여
몸도 아니고 맘도 아니고
하염없이 손사래만 치는 저 억새꽃 무리들

어떤 구멍

송곳이 구멍을 내며 억세게 길을 내고
고통의 부피만큼 커지는 구멍들
다시 돌아와야 할 길을 가는 송곳 어느 변두리에
나는 빌붙어 살고 있다.

그 짧은 길을 가는 사람아!

감기

춥다. 체온계가 나의 피를 빨아먹고 쭉 펴졌다
무서운 폭염이 나를 덮치고 나는 서서히 달아오른다
뜨거운 것이 가득한 혈관으로 미끄러지는 나의 의지는
계속 어디론가 내 몸 깊숙이 몸을 피하고
나는 춥다. 초복과 중복 사이에서 기침을 하며
비굴한 어둠에 가려진 지친 의지를 밖으로 밀어낸다
목을 통해 나오는 의지의 부피를 가늠할 수 없다
가쁜 호흡과 상처 난 목소리가 아득해질 무렵,
아직 나는 춥고
하고 싶은 말들만 고열처럼 후끈거린다
축축하게 늘어진 습도를 줄기차게 빨아대는 여름 내내

월하감

감나무 가지 끝에
누구의 애간장을 태우려는지
멀고 먼 소망 한 개
드디어 터지려는가!
소한의 저녁 무렵
아래로 끌어내리려는 힘과
끝까지 붙잡고 놓지 않으려
안간힘을 다하는
승부의 가치가
보라, 단단한 최후의 화려한 광채
너와 나를 향한 버팀이 길어질수록
소한의 칼바람을 잠재우는
붉은 고집
귀한 것은 늘 살아남은 자의 몫이다

사발

빈 사발
가득 채우니
사발보다
먼저 채워진
그것이
보일락 말락

채워진 그것
단숨에 들이키니
빈 사발
덩그러니
바닥에 눕고

채워진 만큼만
비워낼까
내 몸에 사리 한 알
생겼으면
조바심 내는
나는 어떤 사발?

4부 · · · 일곱 번째 창

일곱 번째 창

첫 번째, 하늘 어딘가의 창

팔베개를 하고 누우면
창 한가득 채워진 허공의 고요함
진정 돌아갈 곳이 그곳이라면
죽어진 육신 치열하게 살다가
남김없이 비워줄 때
호젓한 저 하늘 어딘가에서
천천히 지워지는 기억, 소멸의 기쁨을
그곳에서 깨닫겠지

#두 번째, 내가 만든 작은 배의 창

좁은 창이 내 키보다 높은 방 안은
희거나 붉거나 검은 소심한 사내의 옹졸함이다
창밖에서 무슨 소리가 들릴 듯 말 듯
까치발로 힘겹게 바라보니
바다 한가운데 어디쯤
시름 깊은 통통배 선장의 노여운 이맛살은

찢어진 그물 같다
지독한 멀미는 오로지 파도 때문이다
육지로 갈 수 있는 유일한 길을
억척스런 선장은 알고 있으리라
사내의 유식함과 비굴함, 내면의 자존심과 우월감은
좁은 창밖의 바다가 삼키었다
힘겨운 항해는 계속되고
멀미는 육지에서 더욱 힘겹고 가혹했다

#세 번째, 요양원의 창

온통 푸른 초원이다
투명한 호수가 멀리 보이고
멀리 알 수 없는 키 작은 꽃들이
몇몇 군락으로 흐드러지고
푸른 바람이 에메랄드빛 햇살을 흩뿌린다
어디선가 선율 고운 음악이 잔잔히 깔리면
따뜻한 허브차를 마시는 그녀
좋은 사람들의 웃음소리도 초록빛에 물들고

하늘은 투명한 수채화다
로즈마리 몇 조각을 찻잔에 던진 그녀는
다친 마음을 치유하는 중이다
창밖 푸른 세상의 믿음이 그녀보다 먼저
요양원에 감금된 심각한 치매다

#네 번째, 기억의 창

행복은 떠난 뒤에야 보이는
어리석은 후회 같다
행복은 늘 돌아갈 수 없는
지나온 기억의 풍경으로 남고
소중한 것은 이미 피고 진 꽃이 되어
한 줌의 향기로 남는다
그리운 것은 저 창문 너머 가까이
잡히지 않는 간절함이다
닫힌 창문을 두드리는 당신
행복은 언제나 등 뒤에서 따뜻하다

#다섯 번째, 남의 창

나의 창으로 보이는 세상은
다른 이의 창으로 보이는 세상과 다르다는 걸
창밖으로 빠져 나오고서야 알았다
창은 불규칙으로 넓어졌다 좁아졌다를 반복하며
내 장담할 수 없는 목숨에 빌붙어
또 다른 나로 살고 있었다
돌이켜보면 진저리나는 착시다
내가 그 창에 빌붙어 살고 있었다

#여섯 번째, 내 집 밖의 창

모두가 나가고 텅 빈 집
복제된 열쇠가 없으니
내 집에 내가 들어갈 수 없는
완벽한 통제구역이다
집 밖에 갇혀보니
내 집에 착한 이웃

편안히 찾아들 수 있었던가
창 안으로 보이는 나의 집
철저히 소외당한 집 밖의 그림자
가만히 들여다보니
쓸쓸한 바람과 한 뼘의 차이

#일곱 번째, 소망의 창

나의 뒷모습을 감추어다오
나의 허물을 감추어다오
나의 굴욕과 참회의 눈물을
나의 비굴함과 좁은 시선과
나의 허황된 욕망과 차가운 얼굴을
모조리 감추어다오
그간 걸어온 길과 이제 가야 할 길을
가만히 지켜보아다오

창밖으로 계절은 가고
꽃들은 피었다 다시 지는 날

남아있는 꽃들이 천천히 피는 일들을
가만히 지켜볼 수 있게 해다오

#다시 일곱 번째, 반성의 창

창이 더러우니 보이는 것들
무엇인들 온전하랴
거센 바람 요동치는 거친 빗줄기
세상 모두 뒤흔들어놓은 오늘은
유난히 싸늘하다
힘겹게 좁은 창문을 열고 나니
영혼의 무게가 새삼 가벼웠다

온전한 것들이 저 멀리서 젖은 몸을 반짝이며
나의 창을 열고 걸어 들어온다

먹이의 분류

나는 어디에 내려앉을까
산중턱 휘어진 나뭇가지에 내려앉은 독수리 잠시 날카로운 부리를 외면하고
멀리 파도를 몰고 오는 바다를 응시한다
바다는 먹이를 찾은 독수리처럼 큰 날개를 펼치며 묵음의 공포를 몰고 오는 중
포악하고 독한 성깔은 독수리와 바다가 서로 닮았다
생존은 배고픔에서 시작되는 순진한 진리라면 좋겠다
먹이를 찾아 떠도는 것은 입 달린 짐승만은 아니다
먹이를 낚아챈 독수리가 위험한 산중턱 벼랑에서 허기를 채우는 동안
또 한 짐승이 독수리를 흉내 낸다
먹을 수 없는 위세를 물고 산 중턱 벼랑에서 욕망을 뜯어 먹는다
나는 무엇을 물고 어디에 내려앉을 것인가
날카로운 부리 대신 욕망의 손톱은 죽어서도 자라고 있었다

오래된 구두

가지런히 놓인 구두
아버지가 돌아오신 모양이다
누추한 하루의 일과를 마친
아버지의 귀가는 늘 무거웠던가
어머니는 흐트러진 아버지의 고된 걸음을
가지런히 정리해드린 모양이다

뒤 굽이 마모된 흔적
왼쪽과 오른쪽이 서로 다르다
하루의 생업은
어느 한쪽을 결정하는 기로 같은 것

아버지의 아무렇게나 벗어던져진 구두
초췌한 상처를 품고 돌아온 저녁이면
어머니의 손길로 위로받고 싶었던 모양이다
거친 세상 앞에 참담하고
비겁하거나 비굴하게 견딘 흔적을
그렇게 가지런히 정돈하는 것이다
그렇게 말하는 것이다

꽃이 피지 않는 늙은 꽃나무를 어루만지는
어머니의 저녁이 다 되어도
가지런히 놓여있던 구두가 보이지 않는다
힘겹게 몇 송이 꽃 피어나던 날
아버지는 기약의 말씀도 없이
아주 먼 길을 가셨나보다

완벽한 노래

잊는다는 것과 잃어버리는 것은
서로 다르지만 아주 다르지는 않은 거지

즐겨 불렀던 옛 유행가 한 곡조
고향친구들과 단골 식당에 모여 적당히 취기가 오르니
옛날 생각에 함께 흥얼거리는 맛이
삼겹살 몇 첨보다 쫄깃쫄깃하다고
돌아가며 한 곡씩 시작하는데
그 많은 노래 중에 마땅히 부를 노래가
떠오르질 않아
최근에 불렀던 노래 하나 간신히 기억해서
옆 친구 노래가 끝나자마자 이어 부르기 시작했는데
아차, 다음 가사가 생각이 안 나
머릿속이 하얘져
결국, 내 노래를 끝으로 술잔은 다시 비워지고
나의 기억력도 한 잔 술에 비워지고

잊는다는 것과 잃어버리는 것은
결국, 나쁜 습관과 관련이 있지 않을까
노래방 모니터의 가사를 보면서 부르던 습관

그것이 습관인 줄도 모르고
하찮은 노래 가사 굳이 외워둘 필요도 없는 세상을
익숙하게 살아가는 내가
오랫동안 잊었던 건 노래가사 한 줄만이 아니구나
더러운 것은 끌어안고
소중한 것은 버리면서
무슨 노래를 부르고 싶었던 걸까

잊는다는 것과 잃어버리는 것은
서로 다르지만 아주 다르지는 않은 거지

추월당하다

속도가 정해진 도로를 달려도
시간은 잔인하게 간섭하지 않는다
단단한 아스팔트 도로에 수많은 속도의 흔적
과속이 꼭 빠른 것은 아니라는 믿음을 깨고
알지 못하는 누군가 지금 막 나를 추월한다
순간이동,
그와 나의 가는 길이 달라도
어쨌든 나는 비참하게 추월당했고
나는 그를 추월하기 위해 정해진 속도를 이탈한다
뒤로 멀어지는 소형차들
긴장한 도로는 갑자기 휘어진다

흩어질 때 서글펐던 졸업식 날
가물거리는 기억 한편의 그 녀석이
먼저 아는 척하며 내미는 건 악수보다 현실적인
알만한 회사의 각진 명함
시시껄렁한 시절은 가고 잘 나가는 그 녀석의 속도는
나를 한참이나 추월하고 있었다
뒤로 멀어지는 소형차의 작은 흔들림
반가운 이야기는 추월한 자의 몫이다

그렇게 믿을 수밖에 없는
허허로운 자존심이 굴복을 알게 한다

그 녀석의 속도는 과속일까
알지 못하는 누군가 분명 나를 추월하였고
나는 무리를 해서라도 그 뒤를 쫓고 있을 때
상처 난 검은 도로는
노여운 침묵을 건달처럼 내뱉는다

오후의 희망곡

기다리는 동안의 텅 빈 공간을 채우는 오후의 희망곡
손닿지 않는 등허리 한복판의 가려움을 아주 맛나게 해결해 주는,
그래서 매정히 버려진 시간들보다야 훨씬 낫다고 누구네 할매가 그랬다지
자식들 밟고 지나간 만큼 소리 없이 휘어진 등허리를 방 한 구석에 뉘이고
자식의 자식놈이 하도 살가워 기다리는 덧없음조차 아깝지 않더라고
누구네 할매가 그랬다지

그날따라 뙤약볕이었다지
더위 먹은 가수의 노랫소리 라디오 밖으로 튀어나와 어쩔 줄 모르는 동안
라디오에서 비가 내렸다지 〈쏴아–〉
듣기만 해도 살가운 기다리던 자식의 자식놈 같은 저 생생함을 위하여
볼륨을 높여 주문을 거는 진행자의 생생함
〈모두 눈을 감으세요〉 〈다시 한 번〉 쏴아–
넋 놓고 듣던 할매 후다닥 우산 챙겨 맨발로 뛰어 나갔다지

한복판 뙤약볕에 서서 내뱉는 안도의 한숨
자식의 자식놈의 할매가 치매처럼 웃었다지

불협과 화음

무언가 꾹꾹 찔러대는 뱃속이 틀어진 날
아내의 성가신 재촉에 못 이겨
헛걸음 삼아 찾은 동네 내과
청진기는 시키면 잡음을 연이어 울리고
그 울림소리 다 들은 의사는
짧고 냉랭한 목소리로 하얀 통역을 한다
안 볼 것을 보았나보다
안 들을 것을 들었나보다
참지 않을 것을 참았나보다

신경정신학적 공황장애증후군이 단초가 되어
복통으로 반응한 현상이라니
내과적 소견은 없는데
무엇이 뒤틀리긴 뒤틀렸나보다
앞만 하얗게 보이는 진단을 받고 돌아오는 길

내 한 몸도 어긋나는데
뒤엉켜 사는 일이 힘겨운 것은
먹어야 사는 한 끼의 습관 같은 식사다
아내의 설거지 소리가 염려처럼 조용히 들리는

하루의 통증 뱃속에서
사라져가는 발자국소리가 노래처럼 들렸다

어느 도둑고양이의 죽음

세상살이 별것 아니야
영리한 나는 두려운 것이 없었지
배고픈 개들이 울 안에서 주인이 돌아오기를 기다리는 동안
서슴없이 나의 끼니를 해결하였지
가끔 날아오는 돌멩이가 나를 제압하려 하지만
나의 예민한 청력과 탁월한 순발력을 오히려
더욱 단련시켜 주었지
어둠 속에서 시작되었던 나의 일과는 문명의 발달과
무관심이 반비례한다는 것을 터득한 나의 명석함이
대낮의 활보를 가져다주었지
별것 아니야 세상을 산다는 건
가끔 남의 집 지붕 위에 올라가
미천한 것들이 살아가려고 버둥거리는 광경을 내려다보며
나의 감성을 다스릴 때면
저녁 햇살이 모두 나에게로 와
내 몸은 더욱 현란한 빛깔로 아름다움을 일깨워주지
나는 알고 있어
세상은 나를 위해 존재하고, 모두 나를 향해 움직이는 걸
너무 바쁘고, 할 일이 너무 많아
생존의 근성은 나를 더욱 자극하지

훔치는 것은 즐거움이고 자유의 표상이야
아둔하고 불쌍한 고양이들 내가 이끌어야지
도둑질이 아닌 향유의 기쁨을 나누어야지
이 작은 세상 내가 없으면 정말 큰일이야

어느 날 정오의 도로 한복판
나는 아름다운 외모에 빠른 발과 날카로운 발톱, 명석한 두뇌의
소유자이므로 거칠 것이 없는데
검고 굵은 돌멩인지 바퀴인지 그놈 제법 빠르네
가까이 보니 무식한 덤프트럭 해일처럼 거대한 놈이 나를 덮치려해
감히 나에게로 와 나의 뒷발을 덮치고 다시 몸통을 지났어
내가 얼마나 빠른데 나를 길 위에 세우나
움직일 수 없는 내가 믿어지질 않아
나는 호랑이 같은 날카로운 이빨로 세상을 향해 울부짖는데
아무 소리도 나오질 않아
나의 허무한 죽음을 인정할 수 없어
아직은 무너질 수 없어
길 위의 나는 언젠가는 일어나 흉측한 세상을 훔칠 것인데

오히려 그들이 나의 이름을 부르며 내 마음의 흉측스러움을
하나씩 훔쳐가네
그들의 뒷모습이 내 꼬리를 닮았다고 생각하는 마지막 의식의 시간
으깨진 나의 육신이 세상을 껴안고 있네

그 여름의 한 수

앞에서 보면 보이지 않던 수가
옆에서 보면 훤히 보이는구나

그늘에 모인 뙤약볕의 오후는 지친 시간을 끌어들이고
세상 돌아가는 얘기에 신물 난 사람들이
부채질을 멈추고 한참동안 묘수를 찾고 있다
이러면 죽고 저러면 살고, 이러면 죽어도 세력이 살고
저러면 살아도 세력이 죽고
묘수를 찾아 떠도는 작은 바람이 나뭇잎에 앉아
천천히 형세판단을 기다리는 동안 삼라만상이 일장춘몽이라
이래도 살고, 저래도 살고
훈수하는 사람들 말은 못해도 치열하게 살고 있구나

앞에서 보면 보이지 않던 수가
옆에서 보면 훤히 보이는구나

집 안에 갇힌 돌
깊은 생각에 잠겨 더욱 달구어지는
그 여름의 한 수

와이키키 브라더스*

막다른 길에서 끝까지 꿈을 선택할 수 있을까
길이 보이지 않는 절망의 기둥에 서서
주저앉지 않을 수 있을까

에메랄드빛 해변의 보라색 미풍이 백사장에 누워
키 큰 야자수에 걸린 새털구름과 시간을 보내고
파도는 하얗게 웃으며 떠나지 않는 사람들을 향해
황홀한 노을을 선물하는 와이키키 해변

수안보 와이키키호텔 닫힌 문 앞에 꽃이 되고 싶은 잡초
한때, 아우성치던 젊음의 분화구가 여기 있었구나
꿈의 웅크림은 서글픈 노래가 되어
초저녁 선술집 스피커에서 용암처럼 터져 나오는구나

막다른 길에서 주저없이 부르는 노래
"그래서 행복하니?"
(하고 싶은 걸 하면서 사는 너는)
"세월 참 많이 지났네?"
(가슴에 숨겨 둔 간절한 마음은 그대론데)
가슴에서 자라는 상처를 어루만지는 사람아

살아있는 꿈은 지친 시간을 다시 일으켜 세우고
추억은 더 이상 뒤돌아서지 않는다

*임순례 감독의 영화(2001년). 대사 일부 인용함

똘레랑스 앵똘레랑스

모 대학 교수님과 책의 저자와 젊은 두 사람

나름대로 사상적 철학적 관념적 개념에 대하여 이야기를 하고 있습니다

늦은 밤 테레비를 보다가 그들이 얘기하는 것을 유심히 보았습니다

저런 사람들, 지식인들은 어떤 얘기를 할까

시작부터 지금까지 한 가지만을 이야기하고 있습니다

똘레랑스가 무엇인가에 대하여

무슨 뜻인가에 대하여 각자 그 단어를 설명합니다

아까 시작부터 지금까지 모두들 고개를 끄덕이며

심각하고 깊은 표정을 연출하며 그들만의 이야기를 합니다

결국은 똘레랑스의 의미가 무엇인가

누가 처음 말했으며 이를 정리하였는가

그것은 매우 중요한 대화의 큰 맥을 이루고 있지만

누구하나 간단명료하게 이를 정리하지 못합니다

그래도 그들은 고개를 끄덕이며 공감의 몸짓을 계속합니다

똘레랑스는 프랑스어인 듯합니다

귀 쫑긋이 세우고 한참을 집중해봅니다

그러다 갑자기 웃음이 납니다 저절로 코메디를 보는 기분이

나의 얼굴 근육에 달라붙어 깔깔깔 웃음이 떨어지지 않습니다

그런 나를 향해 그들이 갑자기 대화를 멈추고 나를 봅니다
가여운 인간, 무식한 것들은 다 그렇지 뭐!
그러고는 다시 대화를 합니다
똘레랑스의 깊은 의미를 찾아서 몇 번씩 되짚어 봅니다
나는 야릇한 기분이 들어 웃음을 멈추고
며칠 전부터 아프기 시작한 허리 통증을 느낍니다
아픈 부위가 손에 잡히질 않습니다 똘레랑스처럼
허리의 신경줄 하나가 작살이 났는가 봅니다. 인상이 찌그러집니다
이런 나를 그들이 흘깃 흘깃 쳐다봅니다
못 배운 나는 애라 이 앵똘레랑스 앵똘레랑스 지저귀다 잠이 듭니다

과분한 식사

화려하거나 깊은 노시인의 이력이
무슨 상관이랴
아직도 등 푸른 생선 한 점에 칼칼하게
파도를 집어올리는 젓가락은
사소한 저녁식사를 다독이고 있지 않느냐

어느 골목어귀 호젓한 백반집
밖에는 싸늘한 찬 공기가 군중처럼 떠돌고
금방 끓인 뚝배기 된장 모락모락 피어나
일그러진 주인여자 고된 얼굴이 잠깐 곱씹힌다
어둔 마음이 꼭 상처는 아니라고
지나가는 말로 잠깐 들렸다 사라지고
노시인의 눈빛은 오래된 형광등 불빛처럼
익숙한 듯 감미롭다

이제 진눈깨비가 날릴 차례다
옛 시절의 화려한 기억은 누추한 외투 속에
둥지를 틀고, 그래 무언가를 그렇게
품고 있는 것이리라
세상 돌아가는 얘기가 왁자지껄 뒤섞여

식탁 위를 넘나드는 동안
취기가 오른 백반집에 겨울이 오고
깊어진 시간과 가벼운 눈발은
노시인의 헛헛한 웃음 곁에 숙명처럼 쌓인다

붉은 바코드

1.
그녀는 종일 바코드를 읽고
나는 그녀의 몸짓을 읽는다

검은 바코드는 늦은 저녁 안방에 눕고
토끼눈으로 잠든 어린 것들이 잠깐
그녀의 하얀 몸을 읽는다
기다리던 붉은 시간은 어린 가슴에 저장되어
꿈이 된다
어린 것들의 가슴은 다 그런가
바코드 암호처럼 난감한 시대의 해석은 숙제처럼 쉬웠고
우수수 떨어진 낙엽처럼 바닥을 뒹구는
그녀의 뒤척임은 늘 깨어 있었다

이제는 바닥이 좀 따뜻했으면 좋겠다

2.
그녀의 지친 종아리를 끌어당기는 바닥
내 감당할 몫의 바닥은 늘 무거워

집에서 따라온 아이들의 붉은 토끼눈
잊고 있던 붉은 염려가
스러진 그녀의 그림자를 일으켜 세운다
바닥은 쓰러져 누울 한가로움을 먹고 사는 짐승이다
바닥을 짓눌러 밟은
그녀의 읽히지 않는 생존의 가격
그녀를 함부로 읽을 수 없어서 참, 다행이다

떠도는 황비홍

#1 풍경
우리 동네 큰 도로 사이로 즐비한 상가 한쪽
신장개업을 알리는 부푼 풍선이 춤을 추고
맞은편에서는 점포정리, 긴급 임대, 권리금 없음을 알리는
쓸쓸한 표정의 팔리지 않은 제품이 밖으로 나와 개업 집을 응시한다

#2 등장
동네 한바퀴를 도는 시간 2시간 15분 정도
이리저리 떠돌아다니는 2% 부족한 소년을 동네 사람들은 꼭 한번은 본다
동에 번쩍, 서에 번쩍 짜자잔 하고 나타나고 얼굴도 평범하지 않아
붙여진 호칭 바보 황비홍이 어김없이 나타났다

#3 이상한 동네
입술에 살짝 비친 핏자국을 시루떡과 함께 오물거리는 황비홍

지나는 사람들에게 개업 집을 가리키며
"얼른 가봐요, 저기 떡 공짜로 줘요"
"저쪽 집은 가지 마세요, 떡 달라니까 막 소리만 질러요"
무표정한 사람들이 황비홍을 피해가며 어디를 가고 있다

4 단편 또는 연극

한 편의 연극이 끝나기까지 몇 번의 막이 오르고 내리고
살아가는 일이 해가 뜨고 지고 다시 뜨는 일처럼
늘 같은 듯 다른 것이 아닌가
텅 빈 황비홍의 의식은 기쁨 아니면 슬픔
날렵한 움직임으로 동네 한 바퀴를 휘젓는 일과가 한 편의 연극이 되듯
모두가 그렇게 한 편의 단편으로 살아가는 것이 아닌가

5 장풍

작은 동네 개업집에 사람들은 풍선처럼 부풀고
맞은편 폐업을 앞둔 점포정리 큰 글씨는 이유없이 자꾸만 떨어진다

먹다 남은 시루떡을 한쪽에 두고 보이지는 않지만
황비홍의 장풍이 그 집 앞 유리창을 공격하고 있다

무림시대불패지존유희전술

무적이라 상대할 자 그 누구냐 무림이 그 어디냐
어느 날 하늘이 열리고 지축이 갈라지는 이상징후가 일었고
세상의 고수들은 알 수 없는 이유로 모여들기 시작했다
힘은 힘으로 제압하고 칼은 칼로 제압하는
대화와 타협과 이해와 양보는 곧 죽음을 부르는 시대
함부로 맞서면 황야의 까마귀밥이 되어야 했다

무림의 맛은 달콤한 유혹처럼 세상에 퍼져
함께 하던 주변 사람들이 하나둘 길을 나서고
무림에는 수많은 권법이 등장하고 그 권법에 맞서는
새로운 신권이 다시 등장하는
불패지존의 권법이 진화를 계속하고 있었다

목소리가 큰 자가 우월해지면 그 자보다 더 큰 목소리로
물불 안 가리고 덤벼들면 더 무식하게 눈을 뒤집는 것처럼
조가권, 남권, 북권, 서가권, 온가구괘권, 손가피괘권, 장비신권,
패왕권, 후권, 동자배관음신권, 구곤십팔질타과권이
무림을 지배하는가 싶더니
철편, 협봉, 단수조철연자, 질려산두, 금강권 등이

천지에 퍼져나가고

세속을 떠나 부처를 봉양하던 스님들이 보다 못해 다시 세상에
조용한 평정을 내리니 소림무술이 무림의 질서를 세워
방탕한 자들을 불러들이니 한동안 세상이 침묵하고
침묵이 한순간 무너지더니
아뿔사 타락한 도 앞에 막을 것이 없구나

이곳 저곳에서 다시 일어서는 신 권법, 신 무공이
예전과 다르게 강력한 기를 내 품으니
공수도 태극권 쿵푸 또한 어찌 무시하리오
고수 위에 초고수가 있었으니
세상은 언제까지나 풍파 속에 존재하누나

손자병법에 이르기를 삼십육계가 제일 배우기 쉬운 전술이니
무림을 피해 조용히 사는 평민들은 싸우지 않는 것이
결국 이기는 거라는 신 권법전술을 몸에 익히며
이 무림의 시대가 끝나기를 손꼽아 기다리고 있었으니

한번은 마주해야 할 무법 무림고수와의 결투가
운명처럼 치러야 할 야속한 시대에 살게 되면서
그들이 침범해오는 속도에 맞게 각자 한 가지씩
필살기를 가슴에 품고 살아야 했다

황량한 벌판에 홀로 남은 자가 수많은 맹수에게 둘러싸여
일제히 느끼는 공포처럼
적당한 두려움과 적당한 필살기와 적당한 비겁함으로
스스로 그렇게 단단해져가고 있었다
이 무림의 시대가 끝나기를 기다리며
천천히 고통을 즐기고 있었다
극에 달한 공포가 넘치면 헛웃음이 나듯
거친 장풍 속에서 악을 품고 단련하는 수많은 사람들
함부로 건드리지 말아야 할 이유가 있었으니
이름하야 –무림시대불패지존유희전술이라

이름 없는 것들

거, 이름이란 게 말이지 참 신기한 게야 세상의 모든 것이 이름 하나는 꼭 갖고 있단 말이야

고, 이름을 잘 새겨보면 어딘지 모르게 그놈 생긴 것하고 잘 어울리는 게

누가 지었는지 몰라도 그놈 이름은 딱! 그놈을 닮아있는 걸 보면 참 신기한 게야

지구는 지구처럼 생기고 구름은 구름이 어울리고 나무는 나무마다 어울리고

흔한 유행가 부르는 가수들도 그래 가만히 생각해 보면 참 어울려

얼마 전 행방불명됐다가 다시 나타난 가수 나훈아는 그래도 나훈아가 어울려 나훈아가 국회의원이 되었으면 좀 어색하지 않았겠어?

국민가수 조용필은 천상 조용필이 좋아 이미자도 그렇고 목포의 눈물 부른 이난영도 그렇고 나는 평범해서 이런 유행가 가수들이 참 좋아 부담 없고 그냥 좋아만 하면 되고 그들은 뭘 강요하지도 않거든

이름이란 게 말이야 한 번 정해지면 서서히 그 이름이 육신에 스며드나 봐.

이름이란 게 그래서 참 중요한 게야
알고 있는 이름 한번 불러 봐 소중하고 감사한 것들의, 이름 없는 것들의 슬픔
생각나는 이름들은 모두 행복한 거야
거, 누가 내 이름 한번 불러 봐

길을 가다가 우연히 마주친 어릴 적 친구
반갑게 악수를 나누고 서로의 안부를 물으며 잡은 손을 놓지 않더니
……그런데…… 니 이름이…… 뭐더라…?

● 해설 ●

연탄 그림자만 밟아도 따뜻하다

—김태완 시인의 왼쪽 시선視線과 울림

김완하(시인 · UC 버클리 교환교수)

1

내가 김태완 시인을 알게 된 것은 꽤 오래전의 일이다. 조심성 있고 사려 깊은 그의 성품만치 그는 속내를 잘 내보이지 않는 성격의 소유자이다. 나는 짐짓 그가 시를 쓴다는 사실은 알고 있었으나 그와 문학에 관한 이야기를 나누어 볼 기회는 거의 없었다. 그가 지난 5월 어느 날 그동안 간직해왔던 문학의 열정과 함께 이번에 낼 시집 원고를 안고 나에게 왔다. 그의 순수한 마음과 그 열정 안에서 시는 펄펄 끓고 있는 듯했다. 그는 나에게 해설을 부탁해 왔다. 나는 8월 6일에 미국의 UC 버클리 한국학센터에 1년간 교환교수로 떠나야 하였기에 사양해야 하는 처지가 옳았으나, 그의 친근감 있는 인간성에 끌려 나는 그만 덜컥 승낙을 하고 말았다.

그 후 나는 여행용 가방에 연구년을 떠나기 위한 짐을 챙기는 한편 틈틈이 그의 시를 들고 다니면서 읽고 느끼고 메모를 하기에 바빴다. 그러나 출국하기 전에 그의 해설을 마치고 홀가분하게 떠나리라는 마음은 출국 날짜가 다가오며 분산되고 부득이 나는 그의 시집 원고와 쓰다 만 해설을 들고 샌프란시스코를 향한 비행기에 탑승해야만 했다. 미국에 도착하고 나서도 나는 이십일 이상을 시차적응과 시급한 일을 처리하는 데 쓰고 나서야 그의 시집 원고를 다시 꺼내 볼 수 있었다. 그리고 미처 쓰지 못한 해설을 마무리하기 위해서 집중해야만 했다. 그의 시집이 늦어진 이유가 있다면 그것은 전적으로 나의 탓일 뿐이다.

그의 시를 읽고 해설을 쓰는 마당에 나에게는 '시는 어디에 있는가' 하는 물음이 매우 절실하게 다가왔다. 이 세상에는 얼마나 많은 시가 존재하는 것인가. 그것들은 모두 어디에 몸을 숨기고 있는 것인가. 또 그것들은 언제 씨가 마를 것인가. 그 씨가 마르고 나면 시는 다시 씌어지지 않을 것인가. 그렇다면 그 이후에 세상은 또 어떻게 유지되어 갈 것인가. 내가 김태완의 시를 다 읽고 나자 이러한 질문들로부터 시는 곧 그 시인의 가슴속에 생명과 함께 살아있다는 사실을 절실하게 느낄 수 있었다. 그러므로 김태완은 내게 와서 그의 원고와 함께 가슴속에 쌓인 시의 씨앗을 뿌려놓고 간 것이다.

김태완의 시는 다양한 모색과 새로운 탐색 앞에서 힘차게 솟아오르고 있었다. 그것들은 몇 가지의 특색으로 전개되고 있다. 첫 째로 그의 시는 「거미집」 연작을 중심으로 하는 존재론적인 관심을 들 수 있다. 그의 시집의 인간 본질적인 면에 대한 철학적 사유가 여기에서 비롯된다. 다음으로는 장시 형태인 「왼쪽 사람」을 통해서 드러나는 사회적 관심의 부분을 지적할 수 있다. 그는 왼쪽과 오른쪽으로 대별되는 제 사회적 관념과 제도를 넘어서 진정으로 하나가 되는 삶을 꿈꾼다. 그리고 마지막으로는 「꽃이불」, 「봄날」, 「월하감」 등에 나타나는 서정과 시인의 일상에 대한 시적 전개가 그것이다. 김태완은 자신의 시를 통해서 서정시의 면모를 유감없이 보여주었다. 김태완의 시는 이상의 내용들이 갈래로 꼬이면서 하나의 든든한 기둥으로 서있었다.

2

김태완의 시는 언뜻 초현실주의적인 포오즈를 띠고 있는 것처럼 보이기도 한다. 그것은 그의 시 「거미집」 연작에 잘 드러나고 있다. 거미의 괴기스러움과 알 수 없는 존재의 이면에 숨쉬고 있는 생의 본질들을 포착해내는 그의 시선은 생의 리얼리티보다는 다소의 관념을 지향하고 있다. 거미가 집을 지어 존재하는 허공은 기댈 것 없는 인간의 존재론적인 측면을 비유적으로 드러낸다. 철학자 키에르케고르는 인간을 거미에 비유했다. 그것은 거미가 땅이라는 현실에도 만족하지 못하고 하늘이라는 이상의 세계에도 머물지 못하는 중간적 존재라는 점이다. 즉, 거미는 땅과 하늘의 중간인 허공에 줄을 엮어 집을 짓는 존재라는 것, 그리하여 현실이나 이상 그 어디에도 안주하지 못한다고 보았던 것이다.

어떤 측면에서 거미에게 줄은 자신을 옥죄는 운명으로 작용한다. 그러기에 거미는 줄을 버리고 하늘로 오르지도, 또한 줄을 끊고 땅으로 내려오지도 못하는 존재로 자리한다. 그러나 역설적으로 보면 거미에게는 그 줄 때문에 허공에 매달려 있을 수 있고 땅 가까이도 다가갈 수 있어 두 세계를 모두 거느릴 수 있는 가능성이 열리는 것이다. 이점에서 거미는 불완전한 존재일 뿐만 아니라 두 세계의 가능성을 모두 지니는 탁월한 존재이기도 하다. 그러므로 김태완에게 이러한 역설적 인식은 바로 이 세계를 인식하는 눈으로 작용하고 있는 것이다.

적막한 내 맘처럼 떠 있는 하얀 집
욕망의 실체를 벗겨놓은 뼈마디가
늘어진 지루한 한 뼘의 시간에 걸려
어지럽게 빙빙 돌고 있는 구석진 방
살아온 시간을 엮으면 저와 같을까
먹이를 기다리는 일이 우리를 치열하게 만들 때
빙글빙글 돌아 나오는 손바닥만큼의 광야에서
아찔한 버팀으로 돌아오는 허기
우리는 언제나 옷 벗은 하루를 씹어 삼킵니다

–「거미집 3」 전문

위 시에서처럼 거미는 "먹이를 기다리는 일이 우리를 치열하게 만들 때"가 아름다운 것이다. 그것은 역설적 의미로서 거미는 먹이를 기다리는 고통으로 생의 한 중심에 있기 때문이다. 또한 "빙글빙글 돌아 나오는 손바닥만큼의 광야"나 "아찔한 버팀으로 돌아오는 허기"도 우리의 생을 긴장으로 이끌어주는 활력으로 작용하는 역설적 표현이다. 거미의 집은 "적막한 내 맘처럼 떠 있는 하얀 집"이다. 그곳에는 "욕망의 실체를 벗겨놓은 뼈마디가/늘어진 지루한 한 뼘의 시간에 걸려/어지럽게 빙빙 돌고 있는 구석진 방"이 자리 잡고 있다. 김태완의 시는 거미의 존재론적 맥락으로 우리 생의 핵심을 파헤친다. 그러므로 이러한 철학적 입장의 시적 전개가 때로는 초현실적인 느낌으로 다가오기도 하는 것이다.

그의 시에서 관념론적인 사유는 때로 구체적인 이미지를 만나서 화려하게 빛을 발하기도 한다. 다음의 시가 바로 그러한 경우로 적절한 예가 될 것이다.

방울토마토와 과꽃과 넝쿨과 무궁화 사이
집 짓고 사는 거미는
작고 미천함을 탓하지 않습니다
미동도 없이 제자리를 지키며
조금씩 불어오는 바람을 집안으로 끌어들입니다
저 가녀린 욕심이
방울토마토와 과꽃과 넝쿨과 무궁화 사이를
따뜻하게 품었습니다
작고 미천한 것들이 생겨났으므로
생명은 찬란한 순수로 시작되었던 일을
몸으로 이야기합니다
거미 한 마리 내 가슴으로 들어와
방울토마토가 열리고 과꽃이 피고 넝쿨이 자라고
무궁화로 활짝 웃는
누추한 집 한 채 소리 없이 반짝입니다

–「거미집 4」 전문

김태완의 시집 『왼쪽 사람』 가운데서도 이 시는 대단히 빼어

난 작품이라고 생각한다. 거미는 '방울토마토', '과꽃', '무궁화' 등 식물 사이에 집을 짓고 살면서, 그 사이에서 무언가를 기다리며 욕심을 품고 있는 것이다. 작고 미천한 곳을 탓하지 않고 살아가는 거미는 이러한 생에 대한 집념으로 여러 가지 식물 사이에 긴장을 더해 주고 있다. 이러한 긴장이 작고 미천한 생명들을 생겨나게 하였으며 생명은 찬란한 순수로 시작되었음을 일깨워 준다. 따라서 "거미 한 마리 내 가슴으로 들어와/방울토마토가 열리고 과꽃이 피고 넝쿨이 자라고/무궁화로 활짝 웃는/누추한 집 한 채 소리 없이 반짝"인다는 표현이 가능한 것이다. 김태완은 거미라는 작은 존재를 진심으로 받아들임으로써 그 거미가 거느리고 있는 방울토마토와 과꽃, 무궁화 등의 자연이 한 채의 집으로 어우러져 반짝이게 되는 것이다.

앞에서도 밝힌 바 있듯이 김태완의 시세계에 비치는 초현실주의적인 분위기는 사유의 깊이와 표현의 단단함이 이루어낸 성취이다. 이러한 긴장이 그의 시를 한층 더 흥미롭게 만들면서 시적 표현을 한 차원 높이 끌어올리고 있는 점은 눈여겨보아야 할 것이다.

> 기약 없이 집을 떠났다
> 누군가 떠나고 다시 머물고
> 한 곳에 머무는 일은 또 어디로 가야 할 날을
> 기다리는 일인 셈이다
> 낯선 어느 마을에 사람이 살던 자리
> 빈곤의 형상을 그리는 미물이 아련해
> 텅 빈 집에

살아있던 것들 덩달아 빠져왔는지
집을 떠난 거는 다시 아니 보이고
살은 없고 뼈다귀만 남은 집
등 시린 계절 한 가닥
풀리지 않는 너와 나의 거리를
늙은 거미처럼 기어서 너에게로 간다
어느 날 방 안으로 들어온 거미가
내 집에 집을 지으려하나 보다

-「거미집 6」 전문

이 시 또한 거미와 집의 속성을 통해서 인간사를 돌아보고 있다. 어찌 보면 거미의 집이 구속하는 작은 공간은 거대한 자유를 전제로 한 것인지도 모른다. 거미는 자신의 집을 스스로 짓고 그곳에 산다. 반면에 사람들의 집은 "누군가 떠나고 다시 머물고" 하는 것이다. 그러므로 인간의 삶의 공간은 집이라는 원점을 향해서 원심력과 구심력이 맞물리는 지점을 의미한다. 그래서 "한 곳에 머무는 일은 또 어디로 가야 할 날을/기다리는 일인 셈"이다. 그리고 "살은 없고 뼈다귀만 남은 집/등 시린 계절 한 가닥/풀리지 않는 너와 나의 거리를/늙은 거미처럼 기어서 너에게로 간다"고 했다. 비로소 시인은 "어느 날 방 안으로 들어온 거미가/내 집에 집을 지으려하나 보다"고 생각하면서 거미와의 색다른 교감을 꾀한다.

김태완의 시는 다양한 모색과 함께 새로운 시도를 꾀하고 있다. 그것은 시의 한 속성으로서 새로움에 대한 추구로서 대단히 가치가 크고 소중한 것이다. 이를 통해서 김태완 시인은 생에 대한 의지를 새로이 펼쳐 나아갈 수 있기 때문이다.

3

김태완 시인은 이번의 시집 『왼쪽 사람』에서 그의 장시 스타일로 표출한 「왼쪽 사람」을 통해 우리 사회의 단절과 대립 등에 대해서 깊은 관심을 표명하고 있다. 「왼쪽 사람」은 이 시집의 표제시이다. 그러므로 그가 이 시편에 기울이고 있는 노력은 만만치 않은 것이다. 표제시라는 것은 단일 시편 이상의 의미와 비중을 갖는 것이기 때문이다.

그의 시에서 '왼쪽 사람' 이라는 의미에는 여러 측면의 상대적인 가치가 함께 존재하는 것이다. 왼쪽과 오른쪽은 좌와 우의 두 측면으로 손쉽게는 진보와 보수, 전통과 변화, 구세대와 신세대 등의 차별성을 의미한다고 할 수 있다. 그러기에 김태완의 왼쪽 사람도 이러한 일반적인 의미와 닿아 있기는 하다. 그러나 그가 강조한 것은 '왼쪽' 보다는 '사람' 에 더 치중하고 있다. 다시 말하면 오른쪽에 기운 나머지 완전성을 상실한 사람에게 자기 각성을 꾀하도록 하는 것이다.

> 왼쪽 사람이 왼쪽 바다를 바라본다.
> 오른쪽 사람이 오른쪽 바다를 바라본다.
> 바다는 불규칙하게 출렁이면서도
> 어느 한쪽으로 치우치지 않는다.
>
> ……〈중략〉……

왼쪽 사람이 왼쪽 바다를
오른쪽 사람이 오른쪽 바다를 바라본다.
바다는 그들의 중심에 들어와 갈등을 먹고 있다.

–「왼쪽 사람」 중에서

위 시에서는 왼쪽과 오른쪽의 균형과 갈등의 의미를 동시에 보여준다. 왼쪽 사람은 왼쪽 바다를 보고 오른쪽 사람은 오른쪽 바다를 바라보게 되는 것은 자연스러운 이치인 것이다. 그런데 그 두 방향의 중심에는 언제나 한쪽으로 치우치지 않는 균형이 필요하며 그 중심에 있는 갈등이 생을 자극하는 긴장과 힘으로 작용하는 것이다. 어떤 의미에서 우리 사회는 하나의 카오스인지도 모른다. 새로운 질서도 갈등과 대립 속에서 나오는 것이며 또 다른 가치도 서로 다른 의미의 대립 속에서 도출되는 것이기 때문이다.

특히 김태완은 우리 생의 조화와 균형의 아름다움, 그것을 가능하게 한 힘의 이면에 존재하는 '갈등' 에 대해서 주목하고 있다. 그의 왼쪽 사람에 대한 관심은 사회학적 시각이기 보다는 우리 생에 대한 연민과 애정에 바탕을 두고 있다.

심장이 왼쪽에서 뛴다. 오른쪽이 함께 박동한다
심장이 있는 사람들이 숨을 쉰다
숨 쉬기 어려운 사람들이 아우성이다. 몰려든다
두려운 사람들이 심장을 꺼내 하나씩 나누어 준다

–「왼쪽 사람」 중에서

위 시에서 심장은 왼쪽에서 뛰지만 오른쪽까지 살린다는 점을 들어 생명의 원리에 대해 암시하고자 한다. 그러므로 우리 사회의 모든 부분의 중심은 한쪽일 수가 없는 것이다. 심장이 왼쪽에 있지만 오른쪽까지를 생동하게 하고, 또한 오른쪽이 살아야 왼쪽 심장도 함께 뛸 수 있는 것이기 때문이다.

이점에서 그의 '왼쪽 사람'은 좌편향이나 좌파적인 것을 의미하기 보다는 왼쪽과 오른쪽의 조화를 통해서 비로소 하나가 되는 존재의미를 드러낸다. 그것은 생명으로 비유할 때 우리가 도외시하고 있으나 반드시 중심으로 자리를 잡아야 할 것을 의미한다.

왼쪽 사람 옆에 왼쪽 사람 그 왼쪽 사람 옆에 왼쪽 사람
왼쪽 사람은 바로 옆 왼쪽 사람을 보며 왼쪽에 대하여 생각한다
왼쪽 사람을 바라보는데 정작 보이는 건
그 사람의 오른쪽만 보인다
사람의 반쪽만 바라보며 생각한다고 누군가 손가락질한다
왼쪽 편 오른쪽 사람이다

사람의 절반이라도 제대로 바라보기를 염원하는
자애롭고 크신 하느님의 오래된 기도는
방향이 없어서 천만 다행이다

-「왼쪽 사람」 중에서

이 시는 왼쪽과 오른쪽의 관계를 잘 드러내고 있다. 우리는 모두 "왼쪽 사람 옆에 왼쪽 사람 그 왼쪽 사람 옆에 왼쪽 사람"

이다. 왼쪽 사람은 바로 옆 왼쪽 사람을 보며 왼쪽에 대해서 생각한다. 그러나 왼쪽 사람을 보는데 정작으로 보이는 건 그 사람의 오른쪽이라는 것이다. 그러고 보면 왼쪽과 오른쪽도 절대적인 것이 아니라 상대적이라는 사실이다.

그러면서도 우리들은 "왼쪽 사람을 바라보는데 정작 보이는 건/그 사람의 오른쪽만 보인다". 또한 "사람의 반쪽만 바라보며 생각한다고 누군가 손가락질한다/왼쪽 편 오른쪽 사람이다". 따라서 왼쪽 사람만이나 오른쪽 사람만으로는 우리 삶이 완전할 수 없다. 또한 우리들 각자는 스스로 왼쪽 사람이기도 하고 오른쪽 사람이기도 한 것이다. 김태완은 "자애롭고 크신 하느님의 오래된 기도" 조차도 "사람의 절반이라도 제대로 바라보기를 염원"할 뿐이라 했다. 그만큼 사람을 완전히 바라보기란 어렵다는 점을 암시하고 있는 것이다.

왼쪽 사람에게 끌린다
왼쪽의 낮은 곳에 사는 사람
묵묵히 참으며 사는 사람
시선이 닿지 않는 곳에 사는 사람
그 사람에게 자꾸만 끌린다
꿈꾸는 일조차 어느 한쪽으로 치우쳐진
유령의 마을에 살고 있는 허깨비들
그 좁은 틈으로 보이는 수줍은 한 사람
맑은 영혼을 감춘 저편의 사람
그 사람에게 끌린다

–「왼쪽 사람」 중에서

이 시에서의 왼쪽은 오히려 우리가 사용해온 관념과는 다른 의미를 지향한다. 이 시에서는 '왼쪽 사람'은 "낮은 곳에 사는 사람", "묵묵히 참으며 사는 사람"이며, "시선이 닿지 않는 곳에 사는 사람"이다. 그러므로 어떤 한쪽으로의 치우침을 거부하는 것이다. 그러기에 시인은 "꿈꾸는 일조차 어느 한쪽으로 치우쳐진/유령의 마을에 살고 있는 허깨비들/그 좁은 틈으로 보이는 수줍은 한 사람/맑은 영혼을 감춘 저편의 사람/그 사람에게 끌린다"고 한 것이다. 그는 어느 한쪽으로의 치우침을 벗어나서 진정한 조화와 균형을 추구하려는 것이다.

그런 점에서 그의 왼쪽 사람에 대한 관심은 정치적이거나 사회학적인 관점에서 출발한 것이 아니다. 우리 사회의 진보와 보수를 대변하는 왼쪽과 오른쪽이 아니다. 일반적으로 우리는 모두가 상대적 개념으로 자리한다. 내가 왼쪽이면 상대는 오른쪽이고, 내가 오른쪽이면 그 상대가 다시 왼쪽이 되기 때문이다. 뿐만 아니라 상대 쪽을 보완하고 강화함으로써 스스로의 존재는 의미를 더 한껏 발휘하게 되는 것이다.

사람이 그리울 때가 있다
그리운 사람 가슴에 하나쯤
심장처럼 매달고 살고 있어도
사람이 그리울 때가 있다
그리움 몰고 온 지독한 고독이여
사람이 외로운 것은
혼자 있어서가 아니더라고

–「왼쪽 사람」 중에서

위의 시처럼 우리가 누군가 그리워하는 것은 우리가 어느 한 쪽만을 가지고는 존재할 수 없기 때문이다. 그러므로 김태완이 진정으로 그리워하는 것은 자신의 왼쪽 사람인 것이다. 자신의 왼쪽 사람과 만날 때 서로는 보다 완전한 사람으로 거듭날 수 있는 것이다. 김태완의 왼쪽 사람을 향한 그리움은 철저히 인간에 대한 사랑과 삶에 대한 애정을 바탕으로 하는 것이다.

4

김태완의 시적 바탕은 무엇보다 서정성에 자리를 잡고 있다. 일찍이 그가 쓴 시들이 그렇거니와 이번 시집에서도 그가 시적 성취를 이룬 시 가운데 몇 편은 이를 단적으로 증명하고 있다. 서정성을 바탕으로 하는 단정한 시형식과 선명한 이미지의 조화로운 세계로 펼쳐낸 그의 시는 대단히 빼어나면서 아름답다.

> 한여름 밤//철없는 어린 것들//땡볕으로 달궈진 하루를 덮고//알몸으로 뒤척이다//잠든 별빛들//아비의 늦은 귀가 길//풀리지 않는 생업//살포시 내려놓고//어린 것들의 달콤한 꿈//가슴에 담고 미소 집니다.//별들이 내려놓은//이 땅, 희망의 영역에//빛이 닿지 않는//구석진 곳의 가난한 기도//철없는 어린 것들//꽃이불 덮고 잠이듭니다
>
> –「꽃이불」 전문

이 시에는 인간사의 고단함을 드러내면서도 희망을 잃지 않고 간직하려는 생의 의지가 '꽃이불' 로 덮여 있다. 아비의 늦은 귀가 길에 내려앉는 별빛이나 어둠 속에 잠든 지상의 존재 위로 내리

는 초롱초롱한 별들을 꽃이불로 비유하였다. 바로 그 꽃이불로 하여 이 지상의 작은 생명들도 깊이 잠이 들게 되는 것이다. 김태완은 자연과의 조화와 생명의 연대 위에서 이루어진 생의 기쁨이 '꽃이불' 처럼 이 세상을 감싸 안기를 진정으로 바라고 있다.

> 봄이면 나무들도 까치발로 서 있나 봐
> 마음만 조급한 봄날의 초입에
> 봄 처녀 님 기다리는 속 맘 감추듯
> 쪽지 같은 푸른 새잎 수줍을 적에
> 온통 그리운 것들은 언덕너머 더딘 걸음
> 봄이면 나무들도 까치발로 서 있나 봐

–「봄날」 전문

김태완의 시는 짧고 간결한 것이 특징이기도 하다. 그만큼 그의 사유는 압축적이라는 것이다. 이 시도 그 가운데 하나라 할 수 있다. 6행에 지나지 않는 짧은 시적 표현 속에 봄날에 이는 그리움을 단적으로 표출한다. 간결한 언어 속에 묘파되어 드러나는 시인의 정서는 봄날의 나무들이 까치발을 선 것으로 바라본다. 또한 나뭇잎들을 "봄 처녀 님 기다리는 속 맘 감추듯 /쪽지 같은 푸른 새잎"로 바라보는 섬세함도 돋보인다. "봄이면 나무들도 까치발로 서 있나 봐" 표현은 대단히 감동적인 것이다. 바로 그 시적 표현을 처음과 마지막 행에 배치함으로써 시적 형식의 완결을 더해주고 있다. 그만큼 그의 시는 형식과 내용에서도 짜임새를 갖추고 있는 것이다.

감나무 가지 끝에
누구의 애간장을 태우려는지
멀고 먼 소망 한 개
드디어 터지려는가!
소한의 저녁 무렵
아래로 끌어내리려는 힘과
끝까지 붙잡고 놓지 않으려
안간힘을 다하는
승부의 가치가
보라, 단단한 최후의 화려한 광채
너와 나를 향한 버팀이 길어질수록
소한의 칼바람을 잠재우는
붉은 고집
귀한 것은 늘 살아남은 자의 몫이다

–「월하감」 전문

이 시는 월하감나무의 가지에 남은 까치밥을 보고 그것이 지니고 있는 두 힘 사이를 생각하고 있다. 가지 끝에 매달려 있는 감은 "래로 끌어내리려는 힘과/끝까지 붙잡고 놓지 않으려/안간힘을 다하는/승부의 가치" 존재하는 것이다. 그것을 김태완은 "라, 단단한 최후의 화려한 광채/너와 나를 향한 버팀이 길어질수록/소한의 칼바람을 잠재우는/붉은 고집"라고 간파해 놓고 있다. 붉은 월하감 한 개는 겨울 칼바람 속에 솟아올라 빛나지만 너와 나를 향해서 생을 버티고 있는 것이다. 이 시에서도 읽을 수 있듯이 왼쪽과 오른쪽의 변용된 의미가 위와 아래로 작용하며 월하감의 붉은 빛으로 표출되는 것이다.

김태완의 시에는 하나의 사물이 존재하기 위해서 필요한 두 가치나 그 사이의 역학관계를 원용하고 있다. 이점에서 그의 시는 관념적 사유와 철학적 인식이 섬세한 서정으로 감싸여져 있다. 하나의 존재는 다른 것과의 관계 속에서만 가치를 지니고 의미를 반영한다. 이 세상의 모든 것들은 다 관계성의 시학이라는 것이다. 그러나 그 관계는 서로를 배척하고 옥죄는 방향으로 나아가기도 한다. 바로 그러한 관계를 벗어나 상대성 속에서 새로운 관계를 회복하고 그 안에서 생의 진리와 참된 기쁨을 발견하려는 것이 김태완의 시세계라고 말할 수 있는 것이다.

5

나는 캘리포니아주에 있는 UC 버클리에 와서 한국에서 완성하지 못하고 가져온 김태완의 시집 해설을 마무리하고 있다. 엄청난 공간의 이동을 통해서도 절실하게 다가오는 그의 시는 궁극적으로 그의 가슴속에 고여 있는 깊은 시정신이 진실에 닿아 있다고 여겨진다. 그의 시는 굳이 밖으로 드러내서 외치려 하지 않는다. 또한 과장하거나 과잉된 감정으로 표출하려고 하지도 않는다. 다만 시의식의 깊이를 추구하면서 시세계의 단정한 어법을 담담하게 구사하려고 노력할 뿐이다. 앞으로도 시를 향한 김태완의 진심이 올곧게 발휘된다면 더 큰 시적 성취로 이어질 것이 확실하다.

김태완의 시를 읽고 이제 그의 시집이 출간되기를 기다리는 마당에 어쩌면 김태완의 시는 새로운 변화 영역으로 가고 있는지도 모를 일이다. 그러나 김태완이 궁극적으로 시를 통해서 꿈꾸는 것은 무엇보다도 따뜻한 세상이다. 갈등과 대립이 사라지고 왼쪽과 오른쪽이 하나의 둥근 모습으로 통일을 이룬 바로 그런 세상인 것이다. 그것을 향해서 그는 그의 가슴속에 있는 시들을 끊임없이 길어 올리는 것이다.

김태완은 그의 시 「왼쪽 사람」 중에서 다음과 같이 표현하고 있다.

> 쌓아놓은 연탄 그림자만 밟아도 따뜻하다고
> 현도식당 주인아줌마가 말했다.

그렇다. "연탄 그림자만 밟아도 따뜻하다". 김태완이 추구하는 것은 우리 사이를 갈라놓게 하는 사회적 제도와 이념, 일상의 관습 등을 넘어서 진정하게 하나로 어우러지는 참된 세상을 의미하는 것이다. 그가 시를 통해서 꿈꾸는 큰 사랑은 무엇보다도 따뜻한 사회와 따뜻한 사람의 관계를 통해서 이루어질 수 있는 것이다. 나는 UC 버클리에 와서도 따뜻한 사람 김태완 시인을 떠올리며 캠퍼스의 울창한 숲을 거닐다보면 내 마음도 다시 따뜻해진다.

그의 시집 출간을 먼 곳에서나마 진심으로 축하한다. 내가 지금 머물고 있는 곳은 캘리포니아주에 있는 월넛크릭이라는 곳이다. 그러므로 미국에서는 한국과 가까운 곳이기도 하다. 김태완이 더욱더 좋은 시인으로 거듭나는 계기가 이번의 시집을 통해서 반드시 마련되리라고 기대한다. 김태완 시인, 그대를 위해서 건배!